BEI GRIN MACHT SICH IHR WISSEN BEZAHLT

- Wir veröffentlichen Ihre Hausarbeit,
  Bachelor- und Masterarbeit

- Ihr eigenes eBook und Buch -
  weltweit in allen wichtigen Shops

- Verdienen Sie an jedem Verkauf

Jetzt bei www.GRIN.com hochladen
und kostenlos publizieren

Bibliografische Information der Deutschen Nationalbibliothek:

Die Deutsche Bibliothek verzeichnet diese Publikation in der Deutschen National-
bibliografie; detaillierte bibliografische Daten sind im Internet über http://dnb.d-
nb.de/ abrufbar.

Impressum:

Copyright © 2012 GRIN Verlag, Open Publishing GmbH
Druck und Bindung: Books on Demand GmbH, Norderstedt Germany
ISBN: 978-3-668-07054-7

Dieses Buch bei GRIN:

http://www.grin.com/de/e-book/308393/stationenlernen-nach-den-fuenf-didakti-
schen-leitfragen-von-wolfgang-klafki

Julia Wagner

Stationenlernen nach den fünf didaktischen Leitfragen von Wolfgang Klafki

GRIN Verlag

GRIN - Your knowledge has value

Der GRIN Verlag publiziert seit 1998 wissenschaftliche Arbeiten von Studenten, Hochschullehrern und anderen Akademikern als eBook und gedrucktes Buch. Die Verlagswebsite www.grin.com ist die ideale Plattform zur Veröffentlichung von Hausarbeiten, Abschlussarbeiten, wissenschaftlichen Aufsätzen, Dissertationen und Fachbüchern.

Besuchen Sie uns im Internet:

http://www.grin.com/

http://www.facebook.com/grincom

http://www.twitter.com/grin_com

1. Sachanalyse

Das Stationenlernen, auch Werkstattarbeit genannt (Klippert: 2010, 108), gehört zu den Methoden, die im offenen Unterricht Anwendung finden, und welche sich Individualisierung und Leistungsdifferenzierung zum Ziel gesetzt hat (Mattes: 2011, 168). Das selbstständige Bearbeiten der verschiedenen Lernangebote, die thematisch unter ein großes Rahmenthema zusammengefasst werden können, steht also hierbei im Vordergrund, ebenso die Möglichkeit, „sowohl individuelles, differenzierendes als auch soziales Lernen zu realisieren" (Jürgens: 2006, 89). Schülerinnen und Schüler bewegen sich allein, mit einem Partner oder in einer Kleingruppe von Station zu Station, die jede einen anderen thematischen Schwerpunkt darstellt, aber trotzdem relativ unabhängig voneinander bearbeitet werden können, und dokumentieren die abgeleistete Arbeit auf einem Laufzettel, welcher der Lehrperson Aufschluss über das Voranschreiten der Lernenden gibt. Grundsätzlich gibt es bei der Stationenarbeit Pflicht- und Wahlstationen (Mattes: 2011, 168).

Der Großteil der Organisation muss von der Lehrperson vorbereitend geleistet werden: die Stationen müssen zurechtgelegt und der Unterrichtsraum entsprechend eingerichtet werden, um einen möglichst reibungslosen Ablauf zu ermöglichen. Die Themen der einzelnen Stationen sollten dabei möglichst der Erarbeitung, Übung, Vertiefung und/oder Wiederholung dienen (Klippert: 2009, 109).

In diesem Ablauf unterscheidet Mattes die vier folgenden Phasen: eine Vorbereitungs-, Durchführungs-, Präsentations- und Auswertungsphase (2011, 168). In der Vorbereitungsphase sollte ein Planungsgespräch im Plenum erfolgen, um die Schüler sowohl thematisch als auch organisatorisch auf die geforderten Leistungen vorzubereiten. Auch Verhaltensregeln und mögliche Konsequenzen bei der Nichteinhaltung dieser können oder sollten vorab geklärt werden. Bei der Neueinführung dieser Methode in eine Klasse kann es sinnvoll sein, einen „Stationenrundgang" vorzunehmen, um die Schülerinnen und Schüler mit dem Aufbau der neuen Methode erst einmal vertraut zu machen (Jürgens: 2006, 94).

In der Durchführungsphase arbeiten die Schüler hauptsächlich frei. Die Pflichtstationen müssen hierbei bearbeitet werden, allerdings können die Schülerinnen und Schüler frei entscheiden, in welcher Reihenfolge, in welcher Sozialform (allein, zu zweit oder in Kleingruppen) und teilweise auch in welchem Tempo sie die Stationen bearbeiten. Allerdings sollte bei diesem letzten Punkt darauf geachtet werden, dass die Zeit vernünftig eingeteilt wird, damit alle Stationen bearbeitet werden können. Wechselzeitpunkte bzw. die Zeit, die für das Bearbeiten einzelner Stationen vorgesehen ist, können jedoch auch von der Lehrperson von vorne herein bestimmt werden. Die Lehrperson nimmt in dieser Phase eine beobachtende Rolle ein: sie achtet darauf, dass die vorher besprochenen Regeln eingehalten werden, verschaffen sich einen Überblick über das bisher Geleistete und stehen als Ansprechpartner zur Verfügung, wenn Hilfe nötig sein sollte, allerdings sollten die Schüler zuerst versuchen, kleinere Verständnisprobleme mit Hilfe ihrer Mitschüler zu klären.

Nach der Durchführungsphase folgt die Anwendung, oder Präsentationsphase, bei der die Schüler ihre Ergebnisse vorführen, ihre Lernwege und positive sowie mögliche negative Erfahrungen ansprechen. Diese Phase dient als Vertiefungs-, aber gewissermaßen auch als erste Sicherungsphase, denn fehlt sie, gewinnen die Schülerinnen und Schüler kaum Ertrag aus ihrer Arbeit.

In der Auswertungsphase übernimmt die Lehrperson wieder die Führung in der Klasse, unter deren Anleitung Lernerfolge noch einmal gefestigt werden und beobachtete Defizite aufgearbeitet werden können. Damit ist dann auch am Ende wieder eine gemeinsame Basis für alle Schülerinnen und Schüler geschaffen und die Ergebnisse sind für alle gesichert.

Die Methode Stationenlernen bietet den Schülerinnen und Schülern viele Lernchancen. Zum einen ermöglicht sie den Schülern eine eigene und subjektive Auseinandersetzung mit dem Stoff. Des weiteren genießen die Schüler wie bereits erwähnt, ein hohes Maß an Mitbestimmung. Außerdem haben sie in den Wahlstationen die Möglichkeit, die Angebote auszuwählen, die ihrem ganz persönlichen Leistungsstand und ihren persönlichen Interessen unterliegen, wodurch eigenverantwortliches und selbstständiges Lernen gefördert werden. Innere Differenzierung wird hier auf mehreren Ebenen ermöglicht. Das bedeutet, es werden sowohl Angebote an besonders starke, wie auch an eher leistungsschwächere Schüler gestellt. Ein weiterer Punkt, der für das Stationenlernen als Unterrichtsmethode spricht, ist, dass die Schüler es bisweilen sehr genießen, einmal nicht still sitzen zu müssen, sondern sich – in Maßen – frei und unkontrolliert im Raum bewegen können und über ihre Arbeit – ebenfalls begrenzt – selbst entscheiden können (Mattes: 2011, 169).

Aber auch diese Methode hat natürlich Schwachpunkte, auf Grund derer viele aktive Lehrkräfte auf ihren Einsatz verzichten. Der größte Mangel ist wohl der enorme Planungs- und Vorbereitungsaufwand, der für die Lehrperson in der Organisation steckt. Der Gedanke, dass das Stationenlernen eine Entlastung für die Lehrerin bzw. den Lehrer darstellt, hat sich als Mythos herausgestellt, denn diese Entlastung hat die Lehrperson tatsächlich nur in der Durchführungsphase der Stationenarbeit. Durch die Anforderungen, die aber an die Lehrkraft in der Vor- und Nachbereitung gestellt werden, ist der Aufwand genauso hoch. Ein weiteres Risiko, das während der Durchführungsphase besteht, ist, dass die Schüler und Schülerinnen die ihnen zugestandene Freiheit ausnutzen, was in Nichtstun und „Pseudo-Arbeit" resultieren kann. Dadurch, dass die Lehrperson in dieser Phase nicht so präsent ist wie sonst, fühlen die Schülerinnen und Schüler sich unbeobachtet und beginnen sich mit anderen Dingen zu beschäftigen, was wiederum schnell auch in Unordnung und sogar Chaos ausbrechen kann. Ebenfalls durch diese verminderte Präsenz des Lehrenden geht diesem möglicherweise auch der Überblick über den Leistungsstand seiner Klasse verloren (Bauer: 1997, 60), weswegen die Auswertungsphase im Ablauf der Stationenarbeit so besonders wichtig ist.

Schülerinnen und Schüler bringen auf Grund ihrer Lernbiologie (nach F. Vester, zitiert in Bauer: 1997, 37) außerdem noch diverse Voraussetzungen in den Unterricht und damit auch in das Lernen an Stationen mit ein. Unbekannte Inhalte lösen im Gehirn des Schülers Unbehagen und Stress aus, was in einer Blockade des Denkens und Kombinierens resultiert. Daher ist es sinnvoll, wie bereits erwähnt, die Inhalte der Stationen so zu verpacken, dass sie an „alte" Inhalte anknüpfen, was allein durch ein „Gefühl des Wiedererkennens" schon ein Erfolgserlebnis vermittelt, wodurch die Abwehr des Neuen sinkt und die Lernausgangslage positiver ausfällt (Bauer: 1997, 39), was wiederum stark die Motivation zum Weitermachen steigert. Spaß und das Erleben lustiger Begebenheiten steuern ebenfalls einen nicht unerheblichen Teil zum Gelingen der Stationenarbeit bei, da „mit positiven Erlebnissen verknüpfte Informationen besonders gut verarbeitet und verstanden und ebenfalls wieder vielseitig im Gedächtnis verankert" (Bauer: 1997, 41).

Zusammenfassend kann also festgehalten werden, dass das Lernen an Stationen eine Methode des offenen Unterrichts darstellt, die zwar viel Aufwand an Vorbereitung erfordert, jedoch, sofern sie nicht ständig im Unterricht zum Einsatz kommt, für Lehrer und Schüler gleichsam eine willkommene Abwechslung vom geschlossenen Unterricht, der ja immer noch die Regel ist, sein kann.

2. Lernziele

<u>Übergeordnetes Lernziel (kognitiv):</u>
Die Studierenden erweitern und vertiefen ihren Wissensstand über die Unterrichtsmethode „Stationenlernen".

<u>Feinlernziele:</u>
Die Studierenden ...

1. ... aktivieren ihr Vorwissen zum Thema „Stationenlernen" und können dadurch die im Langzeitgedächtnis gespeicherten Informationen im Arbeitsgedächtnis abrufen (*Mindmap*).

2. ... erweitern ihre Kenntnisse über das Stationenlernen und werden auf den gleichen Wissensstand gebracht (*Lehrervortrag*).

3. ... kennen die Organisation und den Aufbau der Methode, wissen um notwendige Voraussetzungen und können Vor- und Nachteile der Unterrichtsmethode benennen (*Textarbeit + Sicherung*).

4. ... integrieren das Erlernte in ihr bestehendes Wissen und können es in ihrem zukünftigen Berufsleben anwenden (*Diskussion*).

3. Didaktische Analyse

Die nachfolgende Didaktische Analyse, die den Kern der Unterrichtsvor-bereitung darstellt, orientiert sich an den fünf didaktischen Leitfragen nach Wolfgang Klafki.

Die Lehr-Lern-Einheit befasst sich **exemplarisch** mit dem Rahmenthema „Stationenlernen". Der Fokus liegt hierbei auf dem Erwerb von fachspezifischen Kenntnissen und Fähigkeiten über diese Unterrichtsmethode.

Bei der Unterrichtseinheit handelt es sich sowohl um eine vertiefende als auch um eine weiterführende Stunde. Vertiefend ist sie insofern, als dass das Lernen an Stationen erneut aufgegriffen und an bereits vorhandenes Wissen angeknüpft wird, weiterführend insofern, als dass die Studierenden ihren Wissensstand erweitern.

4

Die **Gegenwartsbedeutung** lässt sich in den individuellen Vor-kenntnissen der Studentinnen und Studenten finden. Die Methode ist unter den Studierenden bereits aus persönlichen Erfahrungen bekannt, sei es aus der eigenen Schulzeit oder aus der Praxis während der schon abgeleisteten Schulpraktika. Dadurch ist dieses Stundenthema besonders für angehende Lehrerinnen und Lehrer äußerst fassbar und anschaulich.

Die **Zukunftsbedeutung** liegt darin, den Studentinnen und Studenten in Bezug auf ihr zukünftiges Berufsleben einen Einblick in die Vorgehensweise beim Stationenlernen zu geben. Sie sollen im Hinblick auf ihre spätere Funktion als Lehrer erkennen, welche Vor- und Nachteile diese Art des Unterrichts mit sich bringt, was bei der Organisation und dem Ablauf zu beachten ist und welche Voraussetzungen herrschen müssen um ein erfolgreiches Lernen an Stationen zu gewährleisten.

Die **Zugänglichkeit** der Thematik ist besonders in der Reflexion über die eigenen Erfahrungen zu finden. Da jeder der Studenten bereits Praxiserfahrungen mit der Unterrichtsmethode „Stationenlernen" gesammelt hat, treten keine Probleme auf, die den Zugang zum Thema erschweren. Eine Möglichkeit der Wiederholung oder Übung des Gelernten findet statt, wenn die Studierenden später ihre Erkenntnisse aus der Lehr-Lern-Einheit von der Theorie in die Praxis umsetzen können.

Ziel der Unterrichtseinheit ist es den zukünftigen Lehrern die Theorie über das Lernen an Stationen näher zu bringen. Hierbei wird nicht nur auf den bisherigen Wissensschatz zurückgegriffen, sondern es werden auch neue Kenntnisse vermittelt. Die Unterrichtsphasen stehen alle in einem komplexen Zusammenhang. Durch die Bearbeitung jeder einzelnen Phase kommen die Studierenden dem Stundenziel, ihr Wissen über die Unterrichtsmethode „Stationenlernen" zu erweitern und zu vertiefen, immer näher.

Zu Beginn werden von den Studentinnen und Studenten bereits vorhandene Informationen über das Thema „Stationenlernen" in Form einer Mindmap gesammelt (*Unterrichtsmethode, mehrere Stationen, offener Unterricht, selbstständiges Arbeiten, Wahl- und Pflichtaufgaben etc.*).
Dies dient als motivierender Einstieg in das Stundenthema und als Rekapitulation dessen, was bisher zu dieser Unterrichtsmethode bekannt ist, d.h. der bisherige Wissensstand der Studenten wird abgefragt und die persönlichen Erfahrungen der angehenden Lehrpersonen stehen hier im Vordergrund (**FLZ 1**).

Im Folgenden werden den Studierenden durch den Lehrervortrag strukturierte und gebündelte Informationen zum Rahmenthema vermittelt. Durch diese Phase der Lehr-Lern-Einheit werden die Kenntnisse über das Stationenlernen ergänzt (**FLZ 2**). In dem Vortrag werden die verschiedenen Typen und Variationsmöglichkeiten lediglich angerissen. Im weiteren Verlauf der Stunde wird vertiefend nur auf die Methode „Stationenlernen" an sich eingegangen. Diese ausschließlich auf theoretischer Ebene basierende Darbietung findet angesichts des Zeitmangels statt (**Didaktische Reduktion**).

Im Anschluss hieran arbeiten die Studenten die wesentlichen Inhalte des Textes heraus und erhalten dadurch einen vertieften Einblick in die Thematik des Stationenlernens. Hierbei werden vor allem die Bedingungen und Voraussetzungen behandelt, die es beim Stationenlernen von den Lehrpersonen zu beachten gilt. Ziel ist es, die Organisation und den Aufbau sowie die Vor- und Nachteile zu kennen (**FLZ 3**).

In der letzten Unterrichtsphase versetzen sich die Studentinnen und Studenten in ihr zukünftiges Berufsleben hinein, äußern persönliche Meinungen über die Unterrichtsmethode und bauen eventuelle Vorurteile ab (**FLZ 4**).

4. Methodische Analyse

Einstieg:

Zu Beginn der Stunde sollen sich die Studenten in Form einer Mindmap an das Thema „Stationenlernen" herantasten. Hierbei wird schon vor Stundenbeginn ein Kreis an die Tafel gezeichnet, in welchen der Begriff „Stationenlernen" hineingeschrieben wird. Die Studenten bekommen nun den Auftrag, Begriffe zu nennen, welche sie mit „Stationenlernen" in Verbindung bringen. Damit keine Begriffe doppelt genannt werden, werden diese nach Aufruf direkt an der Tafel festgehalten. Damit die Lehrkraft den Kontakt zu den Studenten nicht ständig unterbrechen muss, wird vorher ein Student ausgewählt, welcher die Aufgabe des Festhaltens an der Tafel übernimmt. Zum einen ist dadurch der ständige Kontakt mit dem Plenum gewährleistet und zum anderen gibt es hierbei auch keine zeitlichen Unterbrechungen. Mit Hilfe dieses Einstieges sollen sich die Studenten erste

Gedanken über das Thema machen. Hierfür sind 5 Minuten der Unterrichtszeit eingeplant.

Hinführung:

Bei der Hinführung wird dem Plenum eine Definition von „Stationenlernen" in Form des Frontalunterrichtes als Vortrag vorgestellt. Hierbei wird erklärt, was mit dem Begriff gemeint ist und welche verschiedenen Typen des Stationenlernens es geben kann. Da die Mindmap aus dem Einstieg immer noch an der Tafel steht, kann jeder Student bereits während des Vortrages vergleichen, ob sich die von ihnen genannten Begriffe im Vortrag wiederfinden. Für diese Einheit werden weitere 5 Minuten eingeplant.

Vertiefung:

In der Vertiefungsphase werden die Studenten in Dreiergruppen eingeteilt, bei der jeder einzelne einen unterschiedlichen Text bekommt. Dieser soll durchgelesen werden und die wichtigsten Aspekte sollen herausgefiltert werden. Anschließend sollen die Resultate in der Gruppe vorgestellt und besprochen werden. Diese Methode wurde gewählt, um den Unterricht abwechslungsreich gestalten zu können und darüber hinaus die Studenten zu selbständigen Arbeiten anzuregen. Der erste Text befasst sich mit den Voraussetzungen effektiven Lernens an Stationen, der zweite behandelt die Kritik am Stationenlernen und der dritte Text schildert den Ablauf der Unterrichtsmethode „Stationenlernen".
Für diese Phase des Unterrichts sind 15 Minuten eingeplant.
Hierbei hätte man als Gruppenarbeit die Methode „Stationenlernen" an sich auch anwenden können, jedoch wird wegen Zeitmangel eine andere Form von Gruppenarbeit gewählt, da man für diese Unterrichtseinheit nur 45 Minuten Zeit hat.

Sicherung:

Bei der Sicherungsphase sollen die Ergebnisse, welche zuvor in der Gruppe bearbeitet wurden nochmals im Plenum festgehalten werden. Dies geschieht mit Hilfe einer Overhead-Folie. Durch diese Sicherung wird das zuvor erarbeitete nochmals besser behalten. In der Sicherungsphase sollen des Weiteren eventuell aufkommende Fragen beantwortet und Unklarheiten beseitigt werden. Da die Sicherung etwas Zeit in Anspruch nehmen kann, sind hierfür nochmals weitere 15

Minuten eingeplant.

Ausstieg:

In der letzten Phase werden die Studenten gefragt, was sie persönlich von dieser Unterrichtsmethode halten und ob sie selbst in Erwägung ziehen würden, diese Methode auch einzusetzen. Dies soll zu einer Diskussion anregen und die Studenten können die Unterrichtseinheit entspannt beenden. Hierfür sind weitere 5 Minuten eingeplant.

5. Stundenverlaufsplan

Phase (Person)	Zeit (in Min.)	Inhalt	Methode	Sozialform	Medium	FLZ
Einstieg	5	Brainstorming zu „Stationenlernen"	Mindmap	Plenum	Tafel	1
Hinführung	5	Definition zu „Stationenlernen"	Lehrervortrag	Plenum	---------	2
Vertiefung	15	Textarbeit	Gruppenarbeit	Gruppe	Arbeitsblätter	3
Sicherung	15	Ergebnisse der Gruppenarbeit	Lehrer-Schüler-Gespräch	Plenum	Overhead-Folie	3
Ausstieg	5	Meinungsäußerung zur späteren Anwendung	Lehrer-Schüler-Gespräch	Plenum	---------	4

6. Geplante Tafelbilder

a)   Mindmap zum Einstieg:

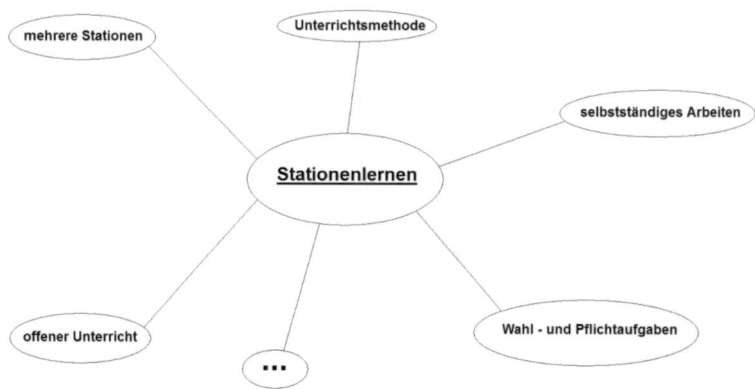

b)   <u>Tafelbild auf OHP zur Sicherung:</u>

1.   Voraussetzungen zur Durchführung

-   individuelle Angebote notwendig

-   Spaß & Erfolg müssen garantiert werden

-   Schüler muss sehen können, dass er die gestellten Aufgaben erledigen kann

-   freie Zeiteinteilung zusichern

2.   Organisation & Ablauf

-   Großteil der Organisation vorbereitend

-   in   Vorbereitungs-,   Durchführungs-,   Präsentations-   und Auswertungsphase gegliedert

-   Vorbereitung: gemeinsames Gespräch zur optimalen Vorbereitung auf Anforderungen und Ablauf

-   Durchführung: Schüler arbeiten weitgehend frei

                              haben Pflichtaufgaben zu erfüllen

                              Lehrer: beobachtende Rolle

- Anwendung: Schüler präsentieren Ergebnisse
- Auswertung: Ergebnisse werden gefestigt und Defizite aufgearbeitet
→ lehrergelenkt → schülerorientiert → lehrergelenkt

3. Lernchancen & Probleme

Lernchancen	Probleme
individuelle Auseinandersetzung mit Thematik	Planungs- und Vorbereitungsaufwand
Mitbestimmung d. Schüler	Materialaufwand steht im Gegensatz zum Ertrag
Angebote, die Interessen und persönl. Leistungsvermögen entsprechen	Unterrichtsentlastung f. d. Lehrperson nur scheinbar
Förderung eigenverantwortl. und selbstst. Lernen	
Differenzierung gut möglich	
Schüler genießen Bewegung, müssen nicht still sitzen	

7. Literatur

Bauer, Roland (1997), Schülergerechtes Arbeiten in der Sekundarstufe 1: Lernen an Stationen, S. 32ff.

Jürgens, Eiko (2006), Lebendiges Lernen in der Grundschule, S. 89-95.

Klippert, Heinz (2009), Heterogenität im Klassenzimmer, S. 108-112.

Mattes, Wolfgang (2011), Methoden für den Unterricht, S. 168-169.

8. Anhang

Arbeitsblatt 1:

Voraussetzungen zur Durchführung

Jeder Schüler hat andere individuelle intellektuelle Voraussetzungen. Die „Hardware" ist schon vorhanden, kann höchstens noch erweitert und durch „geeignete Software" besser genutzt werden. Jeder Mensch denkt, lernt und speichert anders, hat andere Lernmuster.

Auch wenn die Schüler nun schon „vorsortiert" sind, es gibt noch gewaltige Unterschiede. So wie wir das äußere Aussehen eines Menschen akzeptieren und nicht an Änderungsprozesse denken, sollten wir auch die „Voraussetzung des Kopfes" akzeptieren und als ebenso einmalig stehen lassen, wie wir es für uns selbst in allen Bereichen auch in Anspruch nehmen.

In der täglichen Arbeit können wir permanent feststellen, dass sich in jeder Klasse mindestens drei Entwicklungsjahrgänge befinden und das durchschnittliche Arbeitstempo einzelner Schüler im Verhältnis eins zu vier stehen kann. D. h., der langsamste Schüler benötigt für die Erledigung einer bestimmten Aufgabe bis zum Vierfachen der Zeit, die der schnellste Schüler dafür benötigt. Diese Beobachtung wurde in den letzten Jahren durch viele Untersuchungen bestätigt.

Daraus folgt, dass die Ausrichtung am Durchschnittstempo und an den Durchschnittsanforderungen in einer Klasse eigentlich nur den Durchschnittsschüler optimal bedient. Mathematisch gesehen sind dabei die Hälfte der Schüler, minus einem, immer überfordert, die gleiche Anzahl Schüler auf den anderen Seite des Durchschnitts ist immer unterfordert. Daraus ableitend sind individuelle Angebote zwingend notwendig.

Spaß und Erfolgserlebnisse sorgen für eine lernpositive Hormonlage und damit für ein reibungsloses Funktionieren der Synapsen und des Kontaktes zwischen den Gehirnzellen. Daher werden mit positiven Erlebnissen verknüpfte Informationen besonders gut verarbeitet und verstanden und ebenfalls wieder vielseitig (und somit „anwendungsbereiter") im Gedächtnis verankert.

Voraussetzung für die Motivation ist die Einsicht im Zusammenhang mit der Fähigkeit, die gestellte Aufgabe erledigen zu können. In anderen Worten:

Wenn jemand sich nicht in der Lage fühlt, die von ihm erwartete Leistung auch zu erbringen, kann er keine Motivation aufbauen. Schon allein diese Erkenntnis verlangt in der Schule unterschiedliche Angebote, damit – hoffentlich – jeder Schüler den Ausgangszustand der „Fähigkeitserkenntnis" erreichen kann. (aus: Bauer, Roland (1997), Schülergerechtes Arbeiten in der Sekundarstufe 1: Lernen an Stationen, S. 32ff)

Arbeitsblatt 2:

Organisation/ Ablauf

Die Beschreibung (und Definition) der Methode machen deutlich, dass ein großer Teil der Organisation vorbereitend geleistet werden muss. Die Stationen werden in der Regel vom Lehrer vorbereitet. Der Klassenraum muss vor Unterrichtsbeginn eingerichtet werden.

Im Ablauf sind eine Vorbereitungs-, Durchführungs-, Präsentations- und Auswertungsphase zu unterscheiden. Die Vorbereitung sollte in Form eines gemeinsamen Planungsgespräches erfolgen, in dem die Schüler sowohl thematisch als auch organisatorisch auf die Anforderungen und den Ablauf vorbereitet werden. Da das Stationenlernen eher eine Kompetenzanwendungs- als eine Kompetenzentwicklungsmethode ist, sollten die Schüler über grundlegenden methodische Qualifikationen verfügen, bevor es an die Durchführung geht. Sehr stimmig erfolgt der Einsatz, wenn zuvor erarbeitete Kompetenzen wie z. B. das Analysieren von Schaubildern, Statistiken und Diagrammen im Stationenlernen vertiefend üben können.

Während der Durchführung arbeiten die Schüler weitgehen frei. Sie haben die Pflichtaufgaben zu erfüllen, entscheiden selbst über die Reihenfolge, über die Sozialform und – in Grenzen – auch über das Lerntempo. Als Lehrer nehmen Sie in dieser Phase eine eher beobachtende Rolle ein. Sie achten auf die Regeleinhaltung und wenden sich gezielt einzelnen Schülern und Schülergruppen zu, die besondere Hilfe benötigen.

Auf die Durchführungsphase muss eine Anwendung folgen, in der die Schüler Ergebnisse ihrer Arbeit präsentieren oder in irgendeiner anderen Form aktiv reorganisieren. Fehlt diese Phase, bleibt der Lernertrag gering. In der

Auswertungsphase werden unter Anleitung des Lehrers die Erfolge gefestigt und die beobachteten Defizite aufgearbeitet. Dazu mündet das Stationenlernen nach der schülerorientierten Durchführung in einen vom Lehrer gelenkten Unterricht.

(aus: Mattes, Wolfgang (2011), Methoden für den Unterricht, S. 168-169)

Arbeitsblatt 3:

Lernchancen und mögliche Probleme

Die Methode ermöglicht den Schülerinnen und Schülern eine individuellen Auseinandersetzung mit der Thematik. Sie genießen weitgehend Mitbestimmungsrechte. In den Wahlstationen wählen sie die Angebote aus, die ihren Interessen und ihrem persönlichen Leistungsvermögen am besten entsprechen. Gefördert werden so eigenverantwortliches und selbstständiges Lernen. Stationenlernen ermöglichst innere Differenzierung auf mehreren Ebenen. Es macht sowohl Angebote für besonders leistungsstarke als auch für die eher leistungsschwachen Schüler. Die Mehrzahl der Schüler genießt die Stationenarbeit, weil sie nicht still sitzen müssen und sich relativ frei und unkontrolliert im Raum bewegen können.

Das größte Manko dieser Methode steckt in dem enormen Planungsaufwand, der in der Vorbereitung damit verbunden ist. Dabei steht der materialaufwand leider oft in einem krassen Gegensatz zum Ertrag. Wird das Stationenlernen als einmaliges Highlight im Unterricht organisiert, bleibt es bei einer schönen Abwechslung mit einem vergleichsweise geringen Beitrag zur Kompetenzentwicklung. Erfahrungsgemäß wenden sich Studenten und Lehramtsreferendare gerne dieser Methode zu, während sie im Unterricht des Vollzeitlehrers nur selten zur Anwendung kommt. Die Attraktivität bei Junglehrern mag einerseits in der Begeisterung für ein Lernverfahren begründet liegen, das ein so hohes Maß an Selbststeuerung und Differenzierung ermöglicht. Ein anderes Motiv ist bei manchen auch der Wunsch nach Unterrichtsentlastung. Stationenlernen bietet scheinbar die Chance, sich als Lehrender zurückzunehmen und das Lernen den Schülern selbst zu überlassen. Dieses Denken erweist sich aber als Trugschluss, wenn man dabei nur die Durchführungsphase im Blick hat und nicht an die Lehreranforderungen denkt, die im Unterrichtsablauf mit der Vor- und Nachbereitung verbunden sind.

(aus: Mattes, Wolfgang (2011), Methoden für den Unterricht, S. 168-169)

BEI GRIN MACHT SICH IHR WISSEN BEZAHLT

- Wir veröffentlichen Ihre Hausarbeit,
  Bachelor- und Masterarbeit

- Ihr eigenes eBook und Buch -
  weltweit in allen wichtigen Shops

- Verdienen Sie an jedem Verkauf

Jetzt bei www.GRIN.com hochladen
und kostenlos publizieren